CE QUE
L'ON A FAIT,
ET CE QU'IL
FAUDRAIT FAIRE.

CE QUE
L'ON A FAIT,
ET CE QU'IL
FAUDRAIT FAIRE.

LETTRE A M. DE.....

PARIS,

CHEZ LES MARCHANDS DE NOUVEAUTÉS.

1823.

Paris, 7 janvier 1823.

Vous avez trop d'esprit, Monsieur, pour
vous faire jamais invisible; mais j'ai eu, moi,
assez de maladresse pour aller dix fois chez
vous, sans vous y rencontrer une seule.

Je voudrais vous voir cependant. Je conçois
de reste que vous ne soyez plus comme par le
passé, dormant, lisant, causant, lançant le
trait la grasse matinée : je fais la part des
circonstances; faites un peu la mienne, dans
le temps qu'elles vous peuvent laisser.

Vous croyez peut-être que je veux vous parler de moi? Point du tout : je veux vous parler
de vos amis, de vous, et, chemin faisant, de
nous tous.

Je ne sais si déjà votre excellent esprit ne
commence pas à l'entrevoir; mais il me semble
qu'à peine entré dans la bonne voie, l'on s'ar-
rête, et que l'on touche au moment d'en sortir :
alors, probablement, on saura poursuivre.

C'est merveille, assurément, que d'avoir fait

arriver M. de Châteaubriand au ministère :
un homme aussi éminemment supérieur ne
peut qu'influer avantageusement sur la con-
duite des affaires. Mais Fox était aussi, quoi-
qu'à de tous autres titres, un esprit très-supé-
rieur ; cependant les deux ministères qu'il a
honorés de son nom et soutenus de son élo-
quence, n'ont eu tous deux qu'une durée bien
passagère. J'apprécie la différence des temps,
des lieux, des conditions, des engagemens, et
avec tout cela, je ne laisse pas de craindre la
parité des résultats.

En quelques mots, voici ma pensée. Dans
les temps ordinaires, que l'administration ne
fasse qu'à demi ce qu'elle devrait faire, ce n'est
pas ce qu'il y a de plus sage, mais cela du moins
n'est pas dangereux ; dans les temps comme les
nôtres, dans les temps de crise, c'est tout ce
qu'il peut y avoir de pis pour elle : il y va de
son existence, et nécessairement.

Être parvenu à remplacer un ministre sans
caractère, et qui se laissait trop facilement me-
surer, par un homme énergique et d'un esprit
vaste, c'est avoir beaucoup gagné sans doute :
toutefois, le mal n'était pas dans ce ministre ;
il ne mérite pas, et il serait injuste de lui dé-

cerner ce cruel honneur. M. de Montmorency, ses opinions , sa présence dans le conseil , tout cela pouvait bien être l'effet du mal; rien de cela n'était le mal même , et tout le mal. Où donc est-il? c'est là ce qu'il ne faudrait pas refuser de voir, car c'est là qu'en toute hâte il faut porter la main. Le mal ! il est dans l'état présent des choses, et il y est sensible pour tous; il est aussi dans les personnes , et quelques-uns peuvent ne l'y pas voir. Mais comme on ne saurait toucher aux choses que par les personnes , il est évident que c'est par celles-ci qu'il est indispensable de commencer. Eh! d'ailleurs , à qui se flatterait-on de persuader en France que le doux , l'affectueux , l'honnête Mathieu de Montmorency ait été l'homme dangereux du ministère , et que , pour remédier à tout , il a suffi d'en opérer dextrement le départ?

Quelque graves et utiles que puissent être les conséquences du changement qui vient d'être obtenu , il ne faut pas s'en laisser éblouir. A ne considérer que la marche générale des affaires , ce n'est rien , absolument rien , si l'on ne poursuit. En effet, ce changement n'est pas même le produit d'une *coalition* , et l'on n'ignore pas qu'une coalition ne peut réussir qu'où la doctrine politique est depuis long-temps établie et fixée : ce n'est qu'un revirement partiel, qu'un mouvement sur soi-même, et il est sans exemple qu'une pareille manœuvre ait jamais conduit à de grands ou durables résultats. La raison en est simple : on reste sur le même terrain ; on ne l'aggrandit pas, ce qui est bien pis, et l'on piétine sans avancer. Quelques hommes, il est vrai, peuvent bien gagner, ou paraître gagner à ces révolutions intestines ; mais les masses y demeurent étrangères, et sans leur assentiment, rien n'est solide.

Ce n'est pas tout : la question des personnes, et ici je n'entends nullement parler des simples employés, pas même de ceux à 15,000 fr., la question des personnes étant censée comprise, combien d'autres se présentent en foule à l'esprit !

Persistera-t-on dans cette misérable pratique de resserrement du pouvoir et d'amoindrissement des hommes, dont je ne sais quelle susceptibilité d'amour-propre ministériel semble avoir fait un principe, ou, tout au moins, une habitude de notre gouvernement ? N'y aura-t-il encore à l'avenir qu'une seule existence, qu'une seule position acceptable dans le gou-

vernement, et faudra-t-il toujours être ministre pour se croire un instant quelque chose;
tandis que, par une piquante contradiction,
le ministère, tout entier, continuerait de res-
sembler à ces méchans fortins où, sans trop
de choix, on jette cinq à six soldats et un capo-
ral, avec ordre de tenir ferme contre les en-
fans perdus de l'ennemi, et de se retirer devant
la troupe régulière ? Ne sentira-t-on pas qu'un
ministère composé uniquement de six à sept
personnes en qui se concentrent exclusivement
toutes les hautes attributions du pouvoir, et
qui se trouvent être ainsi chargées tout à-la-
fois de l'administration matérielle des affaires,
de leur direction, et de la pensée du gouvernement, n'administrent réellement pas, ne di-
rigent rien, n'ont pas même le temps de pen-
ser, et signent à-peu-près sans voir, quand il
leur arrive de signer autre chose que la quit-
tance de leur traitement? L'expérience de chaque année sera-t-elle perdue, et ne compren-
dra-t-on pas enfin qu'une administration aussi
rétrécie, aussi déraisonnablement organisée,
ne peut qu'être essentiellement éphémère, et
qu'il doit infailliblement passer en usage de la
changer ou de la récrépir tous les ans pour les
étrennes du public?

Il est temps de fonder le gouvernement sur de plus larges et de plus solides bases. Ce n'est pas le pouvoir qui manque ; c'est sa distribution qui est vicieuse, c'est son absurde concentration qui le rend lourd, difficile et rebelle à l'exécution. Voyez tout ce qu'en Angleterre on fait avec dix fois moins de pouvoir qu'en France! Chez nous, il est tout en bloc, et, par là même, inmaniable. Débitez-en la matière, divisez-la selon le besoin, graduez les masses, et réservez les moyens d'unité pour la direction supérieure, pour la pensée : alors tout marchera. Gardez-vous de croire qu'il faille augmenter pour cela, sans raison, le nombre des ministères. Loin de là : il ne serait pas même nécessaire que tous les ministres à portefeuille fussent secrétaires-d'état et prissent de droit place au conseil. Mais ce qui est indispensable, c'est qu'il y ait autant de départemens distincts que le demande aujourd'hui la nature et la diversité des choses ; c'est qu'à chaque ministère, et pour l'investigation comme pour l'expédition *raisonnée* des affaires, il soit attaché autant de sous-secrétaires-d'état que le réclame le bien du service, et que l'exigent les nécessités particulières du gouvernement repré-

sentatif; enfin, c'est que l'ensemble du ministère comprenne autant de grandes quoique
fort inégales existences, qu'en peut si facilement offrir un pays comme le nôtre à toutes
les ambitions élevées et légitimes.

Une administration ainsi fondée résisterait
aux plus vives attaques, parce qu'elle unirait
au plus haut degré le pouvoir moral au pouvoir matériel ; parce qu'ayant ainsi toutes les
conditions de la vie, elle aurait en même temps
toutes celles de l'action, et que, par l'action,
elle pourrait à chaque instant mettre en œuvre
les immenses moyens de défense qui se trouvent naturellement à sa portée. Elle ne serait
ni violente, ni tyrannique, parce qu'elle serait
forte, et qu'elle le sentirait; au lieu d'inquiéter,
de tourmenter, d'opprimer, elle protégerait ;
et s'il lui fallait un jour quitter la place, du
moins elle ne la céderait pas à quelques exa-
gérés fortuitement unis contre elle ; mais
à l'opinion publique, hautement prononcée ;
à des besoins nouveaux et *vrais* qu'il ne serait
pas dans sa position de pouvoir satisfaire, ou
bien à de soudaines et graves circonstances. En
un mot, toujours forte contre les ambitions
personnelles, jamais elle ne serait contrainte à

fléchir que devant des intérêts généraux ; et alors, bien loin que sa défaite pût porter atteinte au pouvoir royal, elle ne ferait que l'élever plus haut dans la pensée des peuples, et le leur rendre tout-à-la-fois plus digne de respect et de reconnaissance.

Voilà, Monsieur, ce dont j'avais à vous entretenir, et sur quoi je voudrais être entendu à loisir ; non que je vous prie de me produire, à Dieu ne plaise ! mais j'ai la conviction d'avoir, sur toutes ces matières, quelques idées qui ne sont pas absolument dépourvues de justesse ni d'utilité, et je ne vois pas que l'on soit encore assez en fond pour dédaigner même le plus mince hommage.

Croyez, au surplus, que je ne suis pas sans avoir pressenti tous les obstacles que rencontrerait inévitablement l'application du système dont je viens de vous tracer une légère esquisse. Toutefois, ces obstacles ne pouvant sortir du fond des choses, comme ils ne tiennent qu'aux personnes ou aux circonstances, ils ne sont pas nécessairement insurmontables, et déjà même on a triomphé de celui d'entre eux qu'une opinion habilement accréditée avait fait croire invincible. Vous comprenez que je veux parler de cette prétendue opposition qu'un certain parti accusait M. de Villèle d'avoir constamment montrée contre l'établissement de toute grande existence politique à côté de la sienne. C'est ici le lieu d'apprécier la bonne foi du parti, et de l'accusation.

Un homme, en France, jouit d'une réputation européenne, sa supériorité est reconnue, et il a jeté sur la discussion des affaires publiques tout l'éclat qu'y peut répandre un grand talent; entré en maître dans la carrière diplomatique, il s'est vu en rapport personnel avec les plus puissans souverains de l'Europe : le même homme est aussi l'un des principaux chefs du parti royaliste. Une telle réunion de talens, de circonstances et de renommée était bien faite pour porter ombrage; et si M. de Villèle avait eu à éloigner quelqu'un pour crime de supériorité, certes c'était M. de Châteaubriand. Tout au contraire; c'est lui précisément, c'est lui qu'il appelle au conseil et qu'il présente pour successeur de M. de Montmorency. Il faut en convenir, on ne trouverait pas beaucoup d'exemples d'un démenti aussi noblement donné.

Que M. de Châteaubriand poursuive donc un succès d'autant plus honorable qu'il ne peut tourner qu'à l'avantage commun, sans blesser jamais celui qui l'a si loyalement fait obtenir. Vous venez après lui dans cette généreuse ligue de la raison et des lumières, contre les passions de quelques hommes et les intérêts de quelques vieux préjugés : soyez son second, ne souffrez pas que le nombre l'accable et le puisse faire reculer. Par ce que vous avez montré de talens, de caractère et d'indépendance, vous avez donné au public le droit de beaucoup attendre et de beaucoup exiger. Préparez-vous : l'heure du péril va sonner; déjà, peut-être, elle sonne.

Eh! pourquoi dissimulerais-je avec vous? pourquoi ne vous dirais-je pas ce que je vois? Jamais l'horison ne m'a paru plus chargé de nuages : ni la paix, ni la guerre, rien n'est décidé, et la sombre irritation de l'intérieur est toujours la même : partout une culture factice, hâtive et forcée, détruit ou fait avorter les germes de religion que de longs malheurs avaient déposés dans le fond des ames : partout un zèle inquiet autant que malhabile, harcèle et désaffectionne la multitude : partout on demande à tout venant son passeport, et cela jusqu'à portée de fusil de la capitale, jusqu'à l'approche des guinguettes! partout, en même temps , on refuse des passeports à tous ceux qui sont *soupçonnés* INDIGNES d'en obtenir : les mêmes largesses sont toujours prodiguées aux mêmes journaux , et les mêmes injures aux mêmes écrivains : les réputations que l'on déchirait, on les déchire encore; celles que l'on soutenait, toujours on les soutient : même fureur, et plus de fureur, s'il est possible , dans le parti que l'on paraissait avoir voulu rappeler à quelque modération; même embarras, mêmes appréhensions dans celui que l'on avait fait mine de rassurer : en tout, plus de difficultés, et beaucoup plus qu'avant la retraite de M. de Montmorency. Tel est, au vrai, l'état des choses.

J'ignore comment on se propose d'en sortir, et il serait possible que l'on n'y songeât pas. Mais si l'on persiste à rester stationnaire , si l'on s'obstine à ne pas élargir le terrain , si l'on refuse d'ouvrir les rangs , tenez pour certain que M. de Villèle ne pourra résister aux chambres, que peut-être il n'y siégera pas au banc des ministres, et qu'avant la session il tombera sous les coups du parti qu'il a voulu contraindre à plus de sagesse, et qui ne paraît nullement disposé à lui pardonner une leçon qu'il regarde comme une injure ou comme la preuve d'une

coupable défection. Il y va donc ici de l'existence de M. de Villèle, de celle de M. de Châteaubriand, de la vôtre ; il y va de la tranquil-
lité de la France, de bien plus encore.....

Que l'on y pense mûrement, mais surtout
que l'on sache se résoudre. S'arrêter, c'est se
montrer faible; reculer, c'est se perdre. Voyez
maintenant ce qui est à faire ; et si le vrai, l'u-
nique moyen de salut n'est pas d'appeler à soi
toutes les supériorités honorables, de leur faire
place dans une administration largement
conçue, et de marcher ensuite avec elles à la
conquête du gouvernement représentatif, à
l'affermissement des Bourbons, à la sincère
consolidation de la monarchie constitution-
nelle et légitime.

Quant à moi, c'est là toute ma pensée; je
vous l'ai dite sans réserve, et je sens qu'il y a
de la vérité dans mes paroles.

FIN.

9 782014 086850